BEI GRIN MACHT SICH IHR WISSEN BEZAHLT

- Wir veröffentlichen Ihre Hausarbeit,
  Bachelor- und Masterarbeit

- Ihr eigenes eBook und Buch -
  weltweit in allen wichtigen Shops

- Verdienen Sie an jedem Verkauf

Jetzt bei www.GRIN.com hochladen und kostenlos publizieren

Bibliografische Information der Deutschen Nationalbibliothek:

Die Deutsche Bibliothek verzeichnet diese Publikation in der Deutschen National-bibliografie; detaillierte bibliografische Daten sind im Internet über http://dnb.d-nb.de/ abrufbar.

Impressum:

Copyright © 2019 GRIN Verlag
Druck und Bindung: Books on Demand GmbH, Norderstedt Germany
ISBN: 9783668985001

Dieses Buch bei GRIN:

https://www.grin.com/document/491625

Maren Derner

Psychologie des Gesundheitswesens. Selbstwirksamkeitserwartung

GRIN Verlag

GRIN - Your knowledge has value

Der GRIN Verlag publiziert seit 1998 wissenschaftliche Arbeiten von Studenten, Hochschullehrern und anderen Akademikern als eBook und gedrucktes Buch. Die Verlagswebsite www.grin.com ist die ideale Plattform zur Veröffentlichung von Hausarbeiten, Abschlussarbeiten, wissenschaftlichen Aufsätzen, Dissertationen und Fachbüchern.

Besuchen Sie uns im Internet:

http://www.grin.com/

http://www.facebook.com/grincom

http://www.twitter.com/grin_com

Deutsche Hochschule für
Prävention und Gesundheitsmanagement
Hermann Neuberger Sportschule 3
66123 Saarbrücken

Einsendeaufgabe

Fachmodul: Psychologie des Gesundheitsverhaltens

Studiengang: Gesundheitsmanagement Bachelor of Arts

Datum
Präsenzphase: 08.04. – 10.04.2019

Name, Vorname: Derner, Maren

Studienort: **Berlin**

Semester: **WS 2018/2019**

Inhaltsverzeichnis

1 Selbstwirksamkeitserwartung

1.1 Definition des Begriffs Selbstwirksamkeitserwartung

Die Selbstwirksamkeit beschreibt nach Bandura (1982, S. 122) die subjektive, individuelle Fähigkeit eines Menschen Probleme, Herausforderungen und Situationen erfolgreich durch eigenes Handeln und aus eigener Kraft zu bewältigen.

Eine niedrige Selbstwirksamkeit kann mit Depressionen, Ängstlichkeit und geringem Selbstwertgefühl einhergehen. In kognitiver Hinsicht kann eine niedrige Selbstwirksamkeit zur negativen Einstellung gegenüber den eigenen Leistungen und einer Unterschätzung der eigenen Fähigkeiten führen (Gölz, Schwarzer & Fuchs, 1998, S. 35).

Selbstwirksamkeit ist eine wichtige persönliche Ressource. Sie beinhaltet vor allem die positive Einstellung zur eigenen Persönlichkeit und Handlungskompetenz. Die Bewertung der eigenen Selbstwirksamkeit hängt zum einen von den Erfahrungen, Erfolgen und Misserfolgen und zum anderen von der Beeinflussung der Mitmenschen ab (Bandura, 1982, S. 122). Die Selbstwirksamkeit dient als zentraler Motivationsfaktor und beeinflusst und steuert das ganze Leben (Gölz et al., 1998, S. 35).

1.2 Fragebogen zur spezifischen Selbstwirksamkeit zur gesunden Ernährung

Zur Messung der spezifischen Selbstwirksamkeit zur gesunden Ernährung wurde ein Fragebogen entwickelt (Gölz et al., 1998, S. 39).

Die Teilnehmer werden zu 18 Aussagen zum Thema gesunde Ernährung befragt, zu denen es fünf Antwortmöglichkeiten gibt. Diese sind abgestuft von „ganz sicher" (Wertigkeit 5) bis „gar nicht sicher" (Wertigkeit 1). Durch das Zusammenzählen der 18 Antworten ergibt sich ein Wert zwischen 18 und 90. Je höher der Wert, desto besser ist die Selbstwirksamkeit zur gesunden Ernährung.

1.2.1 Datendarstellung

Der Fragebogen wurde mit vier weiblichen und einer männlichen Person aus dem privaten Umfeld durchgeführt. Die Altersspanne reicht von 21-82 Jahren, somit sind die Lebensweisen, Erfahrungen und die allgemeinen Einstellungen zur Ernährung sehr unterschiedlich.

Die nachfolgende Abbildung veranschaulicht das Ergebnis der Befragung der fünf Personen zur Selbstwirksamkeitserwartung der gesunden Ernährung.

Abb.1: Auswertungsergebnisse zum Fragebogen der Selbstwirksamkeitserwartung zur gesunden Ernährung (Maren Derner)

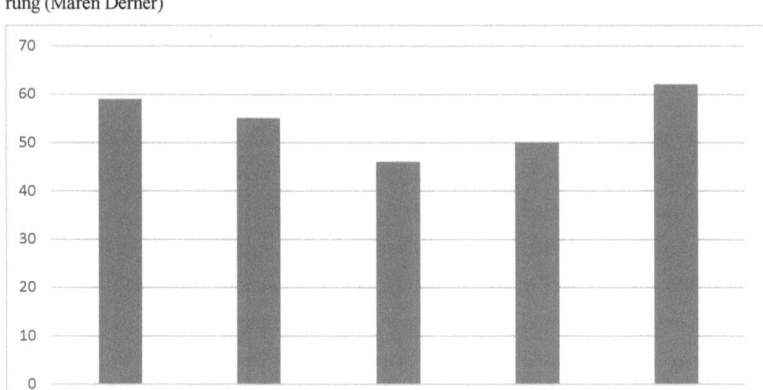

Die Darstellung der Ergebnisse erfolgt in einem Säulen Diagramm. Die x-Achse stellt die jeweilige Person P1-P5 mit Geschlecht und Alter dar. Die y-Achse zeigt den jeweiligen Wert, der sich durch das Aufsummieren der Antworten ergibt, den Selbstwirksamkeitswert.

1.2.2 Ergebnisbewertung

Alle befragten Personen bis auf P5 sind berufstätig. Beim Vergleich der Probanden P2 und P3 fällt auf, dass obwohl sie gleich alt sind, einen ähnlichen Tagesablauf durch das Studium haben und beide gerne Sport treiben, ein unterschiedliches Ergebnis erzielen. Auf Nachfrage stellt sich raus, dass P2 persönlich schon positive Erfahrungen mit Ernährungsumstellung zur Gewichtsreduktion gemacht hat. Vor zwei Jahren reduzierte sie ihr Gewicht um 15kg. Das zeigt, dass sich die Selbstwirksamkeitserwartung durch positives Erleben verändert.

P1 hat mit 59 den zweit höchsten Selbstwirksamkeitswert erzielt. Es stellt sich raus, dass P1ein hohes allgemeines Gesundheitsbewusstsein besitzt, aufgrund einer Vielzahl von chronischen Erkrankungen. Durch gesunde Ernährung kann er die Krankheiten beeinflussen und die Probleme lindern. Dadurch ist seine Selbstwirksamkeit zur gesunden Ernährung sehr hoch. P5 hat von alle befragten den höchsten Score erzielt. Sie ist seit Jahren Diabetikerin und wird somit jeden Tag mit dem Thema gesunde Ernährung konfrontiert. Die Auswertung hat gezeigt, dass bei Heißhunger alle Probanden weniger auf gesunde Ernährung achten.

Aufgrund der geringen Teilnehmerzahl ist das Ergebnis dieser Auswertung nicht repräsentativ.

1.3 Vergleich zweier wissenschaftlicher Studien zum Thema „Selbstwirksamkeitserwartung"

1.3.1 Rechercheergebnisse

Nachfolgende Tabelle zeigt den Vergleich zweier wissenschaftlicher Studien zum Thema „Selbstwirksamkeitserwartung". Die Vergleichspunkte sind: Fragstellung, Stichprobe, Materialien/Test, Untersuchungsdesign und Ergebnissen.

Tab.1: Rechercheergebnisse

	Dohnke, Müller-Fahrnow & Knäuper (2006)	Schneider & Rief (2007)
Fragestellung (en)	Hängen bessere Reha Ergebnisse mit höherer Selbstwirksamkeits- und positiven Ergebniserwartungen zusammen? Sind Ergebnis- und Selbstwirksamkeitserwartung umso höher, je besser der körperliche Gesundheitszustand und das emotionale Wohlbefinden? Spielen behandlungsbezogene Erfahrungen ebenfalls eine Rolle?	Führen Therapieerfolge in Schmerzbewältigung und Beeinträchtigung zur Steigerung der Selbstwirksamkeitserwartungen? Welchen relativen Beitrag leisten Erfolge in diesen Bereichen?
Stichprobe	- 1065 Patienten - 60% Frauen - Durchschnittsalter: 64,58 Jahre - Hauptdiagnose: Coxathrose	- 319 Patienten - Durchschnittsalter: 47,9 Jahre - 85,1% Frauen - Hauptdiagnose: Somatoforme Schmerzstörung - Durchschnittsdiagnosen im Entlassungsbericht: 2,6 - 54,8 % erwerbstätig - 14,6% nicht erwerbstätig - 30,7% Rentner - 26,9% arbeitslos

	Dohnke, Müller-Fahrnow & Knäuper (2006)	Schneider & Rief (2007)
Materialien/Test	Die Patienten bekamen bei Reha- Beginn (T1), am Reha- Ende (T2) und sechs Monate nach Entlassung (T3) einen Fragebogen zur Selbstwirk-samkeits- und zur Ergeb-niserwartung: Inhalte sind: - Alter - Geschlecht - Schmerzen: Drei Belas-tungsstufen, Skala 0-10 - Eigeschränkte ADL Funk-tion (8 verschiedene) - Ergebniserwartung: Drei Schmerzerwartungen und eine Summenskala - Selbstwirksamkeitserwar-tung: Überzeugung von ei-genen Fähigkeiten, vier-stufige Antwortskala - Liste von neun beschwer-debezogenen Verhaltens-weisen - Depressivität: Allgemeine Depressionsskala: 15 Aussagen, mit vier stufiger Antwortskala - Arztangaben zum körperli-chen Gesundheitszu-stand: Aktiver Beugungs-grad des operierten Hüft-gelenks, Nebendiagno-sen, funktionelle Ein-schränkungen am nicht operierten Hüftgelenk - Behandlungsbezogene Erfahrungen	Es wurden Strukturglei-chungsmodelle formuliert und mittels konfirmatorischer Pfadanalyse mit dem Pro-gramm LISREL 8.7 überprüft. Folgende Fragebögen: - Aachener Selbstwirksam-keitsfragebogen - Fragebogen zur Erfas-sung der Schmerzverar-beitung - Pain Disability Index - Allgemeine Depressions-skala - Interaktions-Angstfrage-bogen - Erfolgsratings - Schmerzverarbeitung

	Dohnke, Müller-Fahrnow & Knäuper (2006)	Schneider & Rief (2007)
Untersuchungsdesign	- Längsschnittstudie - 3 Messzeitpunkte (T1, T2, T3) - Reha Beginn: 21,56 Tage post operativ - Rehabilitationsdauer: 22,64 Tage - 13 verschiedene Kliniken	- Feldstudie - Indirekte Veränderungs-messung, zwei Messzeit-punkte: Prä- und Post Test - Direkte Veränderungs-messung: Befragte sollen selbst das Ausmaß der Veränderung beurteilen - Zeitraum: 04/2002 - 07/2003 - Edertal Klinik - 38,4 Tage stationäre Be-handlung
Hauptergebnisse	- Selbstwirksamkeits- und Ergebniserwartung sind umso höher, je besser der körperliche Gesundheits-zustand. - Die Selbstwirksamkeit ist umso höher, je geringer die Depressivitätswerte. - Die Selbstwirksamkeitser-wartung ist höher je positi-ver die Ergebniserwar-tung.	- Es wurden zwei Modelle bestätigt, die jeweils 65% Varianz der Selbstwirk-samkeits-Änderungen er-klären. - Verbesserung der Schmerzbewältigungs-strategien, Erfolgreiche Reduktion der schmerzbe-dingten und allgemein psychischen Beeinträchti-gungen und direkte Thera-pieerfolge tragen zur Stei-gerung der Selbstwirk-samkeitserwartung bei.

1.3.2 Kritische Bewertung

In der Studie von Dohnke, Müller-Fahrnow & Knäuper (2006) geht es um den Einfluss von Ergebnis- und Selbstwirksamkeitserwartung auf die Ergebnisse einer Rehabilitation nach Hüftgelenksersatz (Nachfolgend „Studie 1"). Die Studie von Schneider & Rief (2007) beschäftigt sich mit den Selbstwirksamkeitserwartungen und Therapieerfolgen bei Patienten mit anhaltender somatoformer Schmerzstörung (ICD-10: F45.4), (Nachfolgend als „Studie 2").

Bei der Studie 1 handelt es sich um eine Längsschnittstudie mit drei Messzeitpunkten. Insgesamt nahmen 1065 bewusst ausgewählte Patienten teil. Studie 2 ist eine Feldstudie mit anfallender Stichprobe und zwei Messzeitpunkten, welche nur mit 319 zufällig ausgewählten Patienten durchgeführt wurde. Bei einer geringen Anzahl an Patienten ist die Wahrscheinlichkeit höher, dass eventuelle Ausreißer das Ergebnis verfälschen und die Genauigkeit dadurch erschwert wird. Beide Studien haben ihre Ergebnisse durch Fragebögen erlangt.

Die ärztlichen Messwerte werden in Studie 1 mit einbezogen, wodurch konkretere Aussagen über den tatsächlichen physischen Gesundheitszustand der Patienten ermittelt werden können. Psychische Prozesse lassen sich allerdings nicht in ärztliche Messwerte einordnen.

In der Studie 2 sind viele Patienten neben den Schmerzen auch von psychischen Problemen betroffen, welche in den Ergebnissen berücksichtigt wurden.

Auswertungen und Berechnungen beider Studien erfolgte durch Skalen, Ratings und abhängigen Variablen. Das Ergebnis beider Studien ist, dass eine positive Ergebniserwartungen und hohe Selbstwirksamkeitserwartungen zu besseren Heilungsprozessen und geringeren ADL-Einschränkungen führen. Zusätzlich zeigt Studie 2, dass eine positive Sicht auf die Genesung von großer Bedeutung ist, aber auch das Personen mit geringerer Selbstwirksamkeitserwartung sich häufig in einem ausweglosen Teufelskreis befinden.

2 Literaturrecherche „Chronische Erkrankungen"

2.1 Definition von chronischen Erkrankungen

Chronische Erkrankungen entstehen langsam und die Patienten haben über lange Zeit, manchmal sogar lebenslang, gesundheitliche Beeinträchtigungen. Ziel der Behandlung ist, ein Vorschreiten zu verhindern, da sie in der Regel nicht heilbar sind. Die Patienten sind auf ständige medizinische Betreuung durch Ärzte, Physiotherapeuten, Ergotherapeuten usw. angewiesen. Die Erkrankung nimmt großen Einfluss auf das alltägliche Leben und die Zukunftsperspektive der Patienten. Die Familie als Unterstützung spielt eine enorm wichtige Rolle (Burger, 2009, S. 112). Die Auswirkungen der chronischen Erkrankungen zeigen sich in physischen (z. B. Funktionseinschränkungen), psychisch-kognitiven (z. B. Befindlichkeitsstörungen) und in sozialen Bereichen (Oggier, 2007, S. 1265).

2.2 Theoretische Grundlagen

Die Chroniker - Richtlinie des Bundesausschusses besagt, dass eine Krankheit schwerwiegend chronisch ist, wenn sie wenigstens ein Jahr lang, mindestens einmal pro Quartal ärztlich in Form einer Dauerbehandlung durchgeführt wurde. Außerdem muss eine Pflegebedürftigkeit des Pflegegrades 3, 4 oder 5 vorliegen. Es ist notwendig, dass eine fortlaufende medizinische Versorgung durch Ärzte, Psychotherapeuten, Physiotherapeuten, Ergotherapeuten, Arzneimittel etc. stattfindet (Gemeinsamer Bundesausschuss, 2017, S. 3).

Herzkreislauferkrankungen, Krebs und Diabetes Mellitus sind Beispiele für chronische Erkrankungen (Tesch-Römer & Wurm, 2009, S. 12).

2.3 Entstehung

Die hauptsächlichen Gesundheitsprobleme der westlichen Industrieländer sind nicht mehr die Infektionskrankheiten, sondern die chronisch-degenerativen Erkrankungen. Das bekannteste Modell um die Entstehung zu erklären, ist das Risikofaktorenmodell. Es besagt, dass eine Krankheit durch die Anzahl nachgewiesener Risikofaktoren bestimmbar ist. Als Risikofaktoren werden alle Faktoren verstanden, die die Wahrscheinlichkeit des Auftretens einer Erkrankung erhöhen. Beispiele für Risikofaktoren sind: Hoher Blutdruck, Übergewicht, Rauchen, Alkoholkonsum, Bewegungsmangel und Stress (Franke, 2012, S. 137-138).

Gerade im Alter nimmt die Anzahl chronischer Erkrankungen zu. Das ist auf die Aufsummierung von Risiken im Lebensverlauf, aber auch auf die physiologischen Altersveränderungen zurückzuführen. Chronische Erkrankungen können über den Lebensstil z. B. durch die Vermeidung von Risikofaktoren, beeinflusst werden. Treten sie jedoch einmal auf, ist eine Heilung meist ausweglos. Es kann zu Folgeerkrankungen führen oder auch zu mehreren chronischen Erkrankungen gleichzeitig. Dann spricht man von Multimorbidität (Tesch-Römer & Wurm, 2009, S. 12).

2.4 Überblick der aktuellen Daten und Zahlen

Die Studie „Gesundheit in Deutschland aktuell 2012" (GEDA 2012) vom Robert Koch-Institut (RKI) ergab, dass ca. 43% der Frauen und 38% der Männer in Deutschland mindestens unter einer chronischen Erkrankung leiden. Die nachfolgende Abbildung zeigt die Häufigkeitsverteilung zwischen Frauen und Männern in den jeweiligen Altersklassen und Bildungsgruppen. Mit zunehmendem Alter nimmt die Häufigkeit chronischer Erkrankungen zu. Bildung und Gesundheit hängen zusammen. Bei Frauen ab dem 30. Lebensjahr kommen chronische Erkrankungen in der unteren Bildungsgruppe häufiger vor als bei denen aus der oberen Bildungsgruppe. Bei den Männern ist dies schon ab dem 18. Lebensjahr der Fall. Vor allem in der Altersgruppe der 45-64 Jährigen ist der Unterschied zwischen unterer und oberer Bildungsgruppe am größten (Robert Koch-Institut, 2012, S. 41-42).

Abb.2: Häufigkeitsverteilung chronischer Erkrankungen (modifiziert nach RKI, 2012, S. 42)

Frauen	Chronische Erkrankung: ja %	(95%-KI)	Männer	Chronische Erkrankung: ja %	(95%-KI)
Gesamt (Frauen und Männer)	40,8	(39,8−41,7)	Gesamt (Frauen und Männer)	40,8	(39,8−41,7)
Frauen gesamt	43,0	(41,7−44,4)	Männer gesamt	38,4	(37,0−39,8)
18−29 Jahre	20,8	(18,1−23,7)	18−29 Jahre	17,5	(15,1−20,1)
Untere Bildungsgruppe	17,1	(11,9−24,0)	Untere Bildungsgruppe	19,5	(14,2−26,1)
Mittlere Bildungsgruppe	21,8	(18,5−25,6)	Mittlere Bildungsgruppe	16,2	(13,6−19,2)
Obere Bildungsgruppe	23,4	(17,7−30,3)	Obere Bildungsgruppe	18,2	(13,2−24,7)
30−44 Jahre	29,7	(27,2−32,4)	30−44 Jahre	27,6	(25,0−30,4)
Untere Bildungsgruppe	37,2	(27,0−48,6)	Untere Bildungsgruppe	37,1	(25,0−51,0)
Mittlere Bildungsgruppe	29,2	(26,1−32,4)	Mittlere Bildungsgruppe	29,6	(26,4−33,0)
Obere Bildungsgruppe	26,8	(23,5−30,3)	Obere Bildungsgruppe	20,6	(18,0−23,5)
45−64 Jahre	49,6	(47,3−51,8)	45−64 Jahre	45,9	(43,6−48,2)
Untere Bildungsgruppe	58,4	(50,0−66,4)	Untere Bildungsgruppe	54,7	(42,4−66,4)
Mittlere Bildungsgruppe	50,3	(47,6−52,9)	Mittlere Bildungsgruppe	47,4	(44,4−50,3)
Obere Bildungsgruppe	41,5	(38,6−44,5)	Obere Bildungsgruppe	40,4	(37,9−43,0)
ab 65 Jahre	58,3	(55,7−61,0)	ab 65 Jahre	55,3	(52,2−58,4)
Untere Bildungsgruppe	58,3	(53,0−63,4)	Untere Bildungsgruppe	59,2	(45,1−72,0)
Mittlere Bildungsgruppe	59,6	(56,9−62,3)	Mittlere Bildungsgruppe	56,0	(52,1−59,7)
Obere Bildungsgruppe	52,8	(48,9−56,7)	Obere Bildungsgruppe	52,4	(49,4−55,4)

2.5 Präventions- und Interventionsprogramme zur Reduktion von Gesundheitsrisiken

Bei chronischen Erkrankungen befindet sich der Schwerpunkt der Behandlung nicht auf der Heilung, sondern auf Prävention, Risikoreduktion und Lebensstilveränderungen (Otte & Narber, 2001, S. 14). Die klassische Einteilung nach Caplan (1964) wird gegliedert in: Primärprävention, Sekundärprävention, Tertiärprävention. Die Primärprävention richtet sich an die gesunden Menschen. Ziele sind die Vorbeugung des erstmaligen Auftretens einer Erkrankung durch eine gesunde Lebensführung und Gesundheitsförderung. Beispiele sind Skigymnastik, Kinderturnen, Impfungen, Arbeitsschutz usw.

Körperliche Inaktivität ist ein Risikofaktor für Adipositas. Die Erhöhung der körperlichen Aktivität bei Schulkindern durch Intensivierung des Sportunterrichts ist eine direkte primär präventive Maßnahme. Die Sekundärprävention hat als Zielgruppe die Menschen, die gewissen Risikofaktoren ausgesetzt sind und sich im Frühstadium einer Erkrankung befinden. Es gilt das Fortschreiten oder die Chronifizierung einer Erkrankung einzudämmen. Beispiele sind Infoveranstaltungen für Risikogruppen, Vorsorgeuntersuchungen oder Rückenschule. Mit der Verhinderung von Folgeschäden oder Rückfällen einer Erkrankung befasst sich die Tertiärprävention. Beispiele sind Koronarsportgruppen oder Reha Sport (Zeeb, Ahrens & Pigeot, 2011, S. 266). Im Sinne der Prävention ist es sinnvoll, die Patienten über chronische Erkrankungen, den Prozess und die Folgen der Chronifizierung so früh wie mögliche aufzuklären. Gesundheitsförderliche Verhaltensweisen können so erarbeitet und umgesetzt werden, damit ein Fortschreiten der Erkrankung vermieden wird (Kröner-Herwig, Fettlöh, Klinger & Nilges, 2010, S. 12). Maßnahmen sind z. B. Erlernen von Entspannungstechniken, angepassten Bewegungsprogrammen und Strategien im Umgang mit Stress und Schmerzen (Kröner-Herwig et al., 2010, S. 550).

2.6 Konsequenzen für eine gesundheitsorientierte Beratung

Für die Beratung und Therapie chronischer Erkrankungen sind vor allem wichtig, dass der Berater dem Patienten klar macht, wie wichtig die eigene Mitarbeit (Compliance) ist. Der Betroffene muss lernen, seine Erkrankung zu akzeptieren und der Berater hat die Aufgabe, den Patienten langsam an die Akzeptanz heranzuführen. Der Berater gibt dem Patienten das Gefühl verstanden zu werden und der Erkrankung nicht hilflos ausgesetzt zu sein. Der Patient muss sich sein Therapieziel und seine Zukunftsvorstellungen selbst formulieren. Es sollte vor allem mit kleinen Teilzielen gearbeitet werden. Der Berater hat hierbei eine unterstützende Rolle und muss aufpassen, dass er den Patienten zu nichts drängt. Grade bei der Formulierung medizinischer Ziele sollte Vorsicht gewahrt werden, da diese bei chronischen Erkrankungen oft nicht erreichbar sind. Sie sollten lediglich als Orientierungshilfe dienen (Burger, 2009, S. 119).

3 Beratungsgespräch

3.1 Einordnung in das Transtheoretische Modell und Ziele in der Beratung

Einordung des Fallbeispiel 1 (Frau M.) in das Transtheoretische Modell (TTM) nach Proschaska und Velicer (1997). Das Modell ist in der Gesundheitspsychologie und Psychotherapie weit verbreitet und anerkannt. Gesundheitsrelevante Verhaltensänderungen können so beschrieben werden. Die Veränderungsprozesse werden im „Stage of Changes" dargestellt. Das Transtheoretische Modell besagt, dass eine Verhaltensänderung in fünf Stufen abläuft. Im Prozess kann keine Stufe übersprungen werden.

1. Stufe ist die Absichtslosigkeit. Ein gesundheitsschädigendes Verhalten ist bewusst, aber es gibt keine Absicht das Verhalten in den nächsten 6 Monaten zu ändern.

2. Stufe ist die Absichtsbildung. Die Veränderungsmotive werden stärker und das Problem wird bewusst. Das Verhalten wird innerhalb der nächsten 6 Monate geändert.

3. Stufe ist die Vorbereitung. Es findet die Einleitung der ersten Schritte zur Verhaltensänderung statt. Der Nutzen wird größer eingeschätzt als der Aufwand.

4. Stufe ist die Handlung. Das Verhaltensmuster ändert sich. Hohes Maß an Engagement und Entschlossenheit sind hier wichtig. Das problematische Verhalten wird abgebaut indem die eigene Einstellung und die Umweltbedingungen geändert werden. Wichtig sind hier vor allem Unterstützungsmaßnahmen aus dem Umfeld.

5. Stufe ist Aufrechterhaltung/Stabilisierung: Zielverhalten ist mehr als 6 Monate stabil. Das neue Verhaltensmuster wird gefestigt (Proschaska & Velicer, 1997, S. 38-48). Frau M. weiß, dass sie etwas an ihrem Verhalten ändern muss. Sie hat das Problem erkannt und ist bereit etwas gegen ihren Bewegungsmangel zu tun. Frau M. befindet sich zwischen Stufe 2 und 3 im TTM Model, da sie die Absicht hat etwas an ihrer Einstellung zu ändern und das Beratungsgespräch gesucht hat.

In der Intentionsphase sind die gesundheitspsychologischen Ziele des Beraters, die Motive und Beweggründe des Kunden herauszufinden. So wird das Problembewusstsein geschaffen. Mit gezielten Fragen wie z. B. Was spricht für eine Veränderung? Was sind die Hindernisse auf dem Weg zum Ziel? Was passiert, wenn sich der jetzige Zustand nicht ändert? Kommt es zur Kosten-Nutzen-Abwägung. Die Intentionsbildung wird noch weiter verstärkt indem der Berater nach früheren Erfolgen fragt, um diese als Ressourcen zu nutzen. Ein handlungswirksames Ziel wird durch den Kunden selbst geschaffen, der Berater lenkt ihn in die richtige Richtung. Das Ziel sollte spezifisch, messbar, attraktiv, realisierbar und terminiert sein. Das Rubikon, also den Entschluss zum Handlungsbeginn, zu überschreiten und das Erarbeiten eines handlungswirksamen Planes sind die Hauptziele der Intentionsphase (Pieter, 2018, S. 214-219).

3.2 Rolle des Beraters und die ersten Schritte einer gesundheitspsychologischen Beratung

Beim Beratungsgespräch dient der Berater lediglich als Unterstützer. Er darf keine festen Ideen und Ziele für den Kunden formulieren, diese soll er selber finden und verfassen. Um dem Kunden eine optionale Zielerreichung zu ermöglichen, schafft der Berater optimale Voraussetzungen. Selbst wenn der Berater merkt, dass die überlegten Schritte des Kunden nicht ausreichen werden um längerfristig sein Verhalten zu ändern, hält dieser sich zurück. Durch gezieltes Fragen bringt der Berater den Kunden in die richtige Richtung. Er versucht sich in ihn hineinzuversetzen und Schritt für Schritt dem Ziel näher zu kommen (Pieter, 2018, S. 204).

3.2.1 Kommunikation in der Beratung

Nach Mehrabian & Ferris (1967) spielen Mimik, Gestik und Körperhaltung für eine erfolgreiche Kommunikation eine wichtige Rolle. 7% Fachwissen, 55 % Körpersprache und 38 % Stimme sowie Sprechtechnik beeinflussen den Gesprächspartner. Durch Blickkontakt, weitgeöffnete Augen und eine angenehme Stimmlage, übermittelt der Berater dem Kunden ein positives, interessiertes Gefühl. Schon die ersten Sekunden der Beratung entscheiden den weiteren Gesprächsverlauf. Es ist also demnach wichtig wie wir mit dem Kunden kommunizieren, denn das, was wir inhaltlich sagen, spielt nur eine Nebenrolle (Backwinkel & Sturtz, 2006, S. 18).

3.2.2 Beziehungsebenen in der Beratung

Die nonverbale Kommunikation ist für einen positiven Beziehungsaufbau in einer Beratung von entscheidender Bedeutung. Der „Carpenter-Effekt" ist laut Sommer (2009, S. 49) dafür zuständig, zwischen Berater und Kunde eine Vertrauens- und Harmonieebene aufzubauen. Dies geschieht durch bewusstes und unbewusstes Herstellen von Gemeinsamkeiten (Sommer, 2009, S. 49). So mit entsteht eine emotionale Bindung, die limbische Resonanz. Spiegelt der Berater Körperhaltung, Mimik und Gestik von dem Kunden wider, nennt man dieses Phänomen Pacing. Dabei entsteht ein angenehmer Gesprächsfluss und eine positive zwischenmenschliche Stimmung, welche als Rapport bezeichnet wird (Kossak, 2011, S. 12).

3.3 Gesprächsverlauf mit methodischer Vorgehensweise

Laut van Eckert (2000, S. 161) macht eine gute Vorbereitung auf ein bevorstehendes Gespräch 50% des Erfolgs aus. Zum Vorbereiten gehört gutes Terminmanagement. Alle wichtigen Unterlagen und Materialien mit Informationen über den Kunden, mit dem das Gespräch geführt werden soll, liegen bereit.

Im Folgenden ist ein möglicher Gesprächsablauf dargestellt wie er bei dem Fallbeispiel 1 mit Frau M. möglicherweise vonstatten gehen kann.

- Beraterin: Guten Tag, Herzlich Willkommen im Fitnessland, mein Name ist Maren Derner.
  Freundliche Begrüßung mit Handschütteln, lächeln, offene Augen
- Frau M: Guten Tag, ich bin Frau M. Ich habe um 19 Uhr einen Termin zum Beratungsgespräch.
- Beraterin: Schön, dass Sie hier sind. Wir hatten telefoniert, ich bin heute persönlich für ihre Beratung zuständig. Haben Sie gut zu uns gefunden?
- Frau M.: Ja, vielen Dank. Ich habe anhand ihrer Wegschreibung das Studio gleich gefunden.
- Beraterin: Super, das freut mich. Bitte folgen sie mir in unser Büro. Möchten sie Tee oder Kaffee?
- Frau M.: Ein Kaffee wäre toll.
- Berater: Sind sie zum ersten Mal in einem Fitnessstudio?
- Frau M.: Ja.
- Beraterin: Haben sie sonst schon Sport getrieben?
- Frau M: Ja, früher war ich regelmäßig Joggen um den See.
- Beraterin: Gab es einen Grund warum sie aufgehört haben?
- Frau M.: Ja, seit der Geburt meiner Kinder finde ich kaum noch Zeit.
- Beraterin: Wie alt sind Ihre Kinder?
- Frau M.: 7 und 4 Jahre alt.
- Beraterin: Was machen sie außer Familienmanagerin noch beruflich?
- Frau M.: Ich arbeite 20h in der Woche als Sekretärin in einer Stadtverwaltung.

Motiv herausfinden:

- Beraterin: Was wollen sie konkret ändern und warum?

- Frau M.: Ich möchte etwas an meinem Sport- und Ernährungsverhalten verhalten ändern, da ich mich unwohl fühle in meinem Körper. Ich esse sehr unregelmäßig und unausgewogen.

Problembewusstsein schaffen:

- Beraterin: Was würden sie sagen, sind die Vor- und Nachteile ihres aktuellen Verhaltens?
- Frau M.: Naja als Vorteil würde mir nur einfallen, dass ich ohne Sport meine komplette Freizeit meinen Kindern widmen kann. Nachteil ist, dass ich mich zu dick fühle und sich das irgendwann auf meine Gesundheit auswirkt.
- Beraterin: Wie wird sich ihre Situation weiterentwickeln, wenn alles so bleibt wie es ist?
- Frau M.: Ich würde immer mehr zunehmen und unglücklicher werden. Außerdem bekomme ich körperliche Beschwerden wie z. B. Rückenschmerzen.

Kosten-Nutzen-Analyse:

- Beraterin: Welche Schwierigkeiten sehen sie?
- Frau M.: Ich bleibe nicht konsequent, da mir oft die Motivation fehlt, Sachen durchzuhalten und dass ich keinen Babysitter für meine beiden Kinder finde, da mein Mann immer bis spät abends arbeiten muss.

  Berater schreibt alle „Kosten" auf kleine Kärtchen und pinnt diese an die Wand.
- Beraterin: Unser Club bietet für Mitglieder eine kostenlose Kinderbetreuung an, dass sollte also kein Problem sein.
- Frau M.: Super, das ist toll!
- Beraterin: Welchen Nutzen haben sie, wenn sie ihre Ziele erreichen?
- Frau M.: Ich würde mich wohler fühlen, mein Gewicht reduzieren, einen Ausgleich zu meinem Alltag finden, neue Kontakte im Fitnessstudio knüpfen, Krankheiten vorbeugen…

  Berater schreibt alle „Nutzen" auf größere Kärtchen und pinnt diese hinter sich an die Wand.
- Beraterin: Als Hausaufgabe schicken sie mir bitte noch zwei weitere positive Aspekte per E-Mail.
- Frau M.: Alles klar, das mache ich.

Soziale Unterstützung:

- Beraterin: Wünschen sie sich, dass jemand aus dem Freundeskreis sie unterstützt?
- Frau M.: Ja, das wäre super.
- Beraterin: Wer würde für sie in Frage kommen?
- Frau M.: Meine Freundin Lisa würde sich gut eignen.

15/18

- Berater: Perfekt, dann bringen sie Lisa bitte zum nächsten Termin mit.

Unterstützung bei Intentionsbildung:
- Beraterin: Bei welchen Aufgaben haben sie bisher in ihrem Leben durchgehalten?
- Frau M.: Ich nähe unglaublich gerne. Da fällt es mir leicht durchzuhalten.
- Beraterin: Super, was halten sie davon, wenn wir diese Motivation jetzt für die Ernährungsumstellung und sportliche Aktivität nutzen?
- Frau M.: Das klingt super!
- Beraterin: Was ist anders, wenn sie Ihr Ziel erreicht haben?
- Frau M.: Ich hoffe, dass ich mich dann wieder wohler in meinem Körper fühle. Das ich endlich wieder Zeit habe, etwas für mich zu tun, was mir ein gutes Gefühl gibt und ein Ausgleich zu meinem Job und meinen Kindern schafft.

Entscheidung fällen:
- Beraterin: Wie oft möchten sie in der Woche trainieren?
- Frau. M: Ich möchte es schaffen, zweimal die Woche zu kommen.
- Beraterin: Welche Tage und welche Uhrzeit würde ihnen am besten passen?
- Frau M: Dienstag und Donnerstag ab 15 Uhr wäre optimal.
- Beraterin: Möchten sie lieber alleine oder in der Gruppe Sport treiben?
- Frau M.: In der Gruppe.
- Beraterin: Super, wir haben dienstags und donnerstags um 15:30 Uhr z. B. immer einen Zumba Kurs. Was halten sie davon?
- Frau M.: Prima, die Zeit passt.
- Beraterin: Was halten sie von einem Ernährungscoaching?
- Frau M.: Das klingt toll, bieten sie so etwas an?
- Beraterin: Ja einmal pro Woche direkt im Anschluss an den Zumba Kurs findet ein Ernährungscoaching kostenlos für alle Mitglieder statt.
- Frau M.: Das ist ja optimal.
- Beraterin: Dann freue ich mich auf sie Frau Müller.

4   Literaturverzeichnis

Backwinkel, H. & Sturtz, P. (2006). *Telefonieren. Professionelle Gesprächstechniken* (2. Aufl.). München: Rudolf Haufe.

Bandura, A. (1982). Self-Effiacy Mechanism in Human Agency. *American Psycholgist*, 37 (2), 122-147.

Burger, W. (2009). Unterschiede in der Gesprächsführung bei Patienten mit chronischen und akuten gesundheitlichen Problemen. In T. Langer, M.W. Schnell (Hrsg.), *Das Arzt-Patient – Patient-Arzt-Gespräch* (S.109-120). München: Hans Marseille Verlag.

Caplan, G. (1964). Principles of Preventive Psychiatry. New York: Basic Books.

Dohnke, B., Müller-Fahrnow, W. & Knäuper, B. (2006). Der Einfluss von Ergebnis- und Selbstwirksamkeitserwartung auf die Ergebnisse einer Rehabilitation nach Hüftgelenksersatz. *Zeitschrift für Gesundheitspsychologie, 14* (1), 11-20.

Franke, A. (2012). *Modelle von Gesundheit und Krankheit* (3. Aufl.). Bern: Hans Huber.

Gemeinsamer Bundesausschuss. (2017). Richtlinie des Gemeinsamen Bundesausschusses zur Umsetzung der Regelungen in § 62 für schwerwiegend chronisch Erkrankte („Chroniker-Richtlinie"). *Bundesanzeiger, §2, 3.*

Gölz, C., Schwarzer, R. & Fuchs, R. (1998). Selbstwirksamkeit zu gesunder Ernährung: Erprobung eines Meßinstruments an Patienten mit Fettstoffwechselstörungen. *Zeitschrift für Gesundheitswissenschaften, 6* (1), 34-43.

Kossak, H. C., Zehner, G. (2011). Hypnose – Einführung in die Grundlagen. *Hypnose beim Kinder-Zahnarzt.* Berlin Heidelberg: Springer.

Kröner-Hedwig, B., Frettlöh, J., Klinger, R. & Nilges, P. (2011). *Schmerzpsychotherapie* (7. Aufl.). Berlin Heidelberg: Springer.

Mehrabian, A., & Ferris, S. R. (1967). Inference of attitudes from nonverbal communication in two channels. *Journal of Consulting and Clinical Psychology*, 31, 248–252.

Oggier, W. (2007). Volkswirtschaftliche Kosten chronischer Schmerzen in der Schweiz – eine erste Annäherung. *Schweizerische Ärztezeitung 88* (29/30), 1265.

Otte, C. & Naber, D. (2001). Compliance in der Therapie mit Neuroleptika, Antidepressiva und Lithium. *Bundesgesundheitsblatt - Gesundheitsforschung - Gesundheitsschutz, 44* (14), 14-19.

Pieter, A. (2018). *Studienbrief Psychologie des Gesundheitsverhaltens (rev.20.033.000).* Saarbrücken: Deutsche Hochschule für Prävention und Gesundheitsmanagement.

Prochaska, J. O. & Velicer, W. F. (1997). The transtheoretical model of health behavior change. *American Journal of Health Promotion* (12), 38–48.

Robert Koch-Institut. (2014). *Daten und Fakten: Ergebnisse der Studie „Gesundheit in Deutschland aktuell 2012 ".* Beiträge zur Gesundheitsberichterstattung des Bundes. Berlin: Robert Koch-Institut.

Schneider, J. & Rief, W. (2007). Selbstwirksamkeitserwartung und Therapieerfolge bei Patienten mit anhaltender somatoforme Schmerzstörung (ICD-10: F45.4). *Zeitschrift für klinische Psychologie und Psychotherapie, 36* (1), 46-56.

Sommer, J. (2009). *Die NLP Erfolgsgeheimnisse der Spitzenverkäufer.* Offenbach am Main: GABAL.

Tesch-Römer, C. & Wurm, S. (2009). Theoretische Positionen zu Gesundheit und Alter. In K. Böhm, C. Tesch-Römer & T. Ziese (Hrsg.), *Gesundheit und Krankheit im Alter.* Gesundheitsberichterstattung des Bundes (S. 12). Berlin: Robert Koch-Institut.

Van Eckert, H. (2000). *Praxishandbuch Vertrieb.* Berlin: Cornelsen.

Zeeb, H., Ahrens, W. & Pigeot, I. (2011). Primärprävention. *Bundesgesundheitsblatt - Gesundheitsforschung - Gesundheitsschutz* 54 (3), Robert-Koch Institut. S. 14.

5 Abbildungs- und Tabellenverzeichnis

5.1 Abbildungsverzeichnis

5.2 Tabellenverzeichnis